AF609914

CATÉCHISM

RÉPUBLICAIN

DES

VILLES ET DES CAMPAGNES

PAR

MARC-ANTOINE

Préface. — De la Monarchie. — De la République. — Des deux Républiques françaises. — Des principes fondamentaux de la République : Liberté, Égalité, Fraternité. — Droits du citoyen. — Devoirs du citoyen. — Variétés républicaines. — De l'impôt. — De l'organisation du travail. — Du partage des biens. — Des clubs. — Des arbres de la liberté. — Des déesses de la liberté. — Origine de la garde nationale.

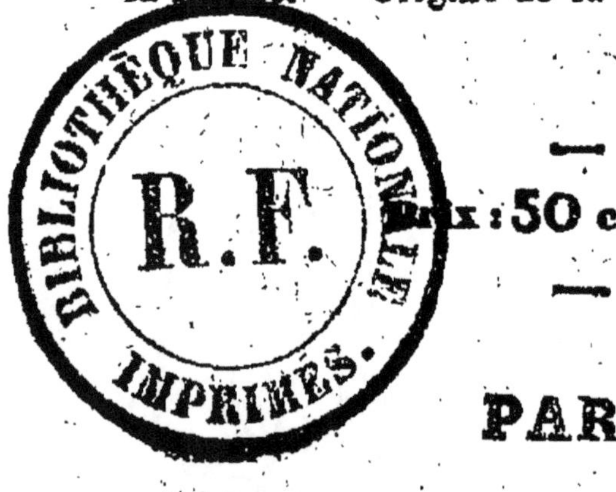

Prix : 50 centimes

PARIS,

GIROUX ET VIALAT, EDITEURS.

1848.

LAGNY. — Imprimerie de GIROUX et VIALAT.

PRÉFACE

Lafayette nous avait dit, en 1830 :

« La meilleure des républiques, c'est un roi-citoyen. »

Nous avons appris à nos dépens que Lafayette se trompait.

La meilleure des républiques, c'est la RÉPUBLIQUE !

Nous l'avons, cette fois, nous saurons la garder : nous réunirons tous nos efforts, tout notre patriotisme pour qu'elle soit grande, forte, glorieuse; avec ces qualités, elle fera le bonheur du pays, et sera l'exemple des nations; elle régénèrera notre pauvre France dégradée par dix-huit années d'un gouvernement égoïste, fourbe, corrompu et corrupteur.

Mettons de côté tout esprit de parti, toute préférence pour telle ou telle forme de gouvernement, et demandons-nous, la main sur la conscience, ce que Louis-Philippe avait fait de la France? — Y avait-il un Français qui fût fier encore de ce titre, autrement que par le souvenir de notre splendeur passée? Il fallait se reporter bien loin en arrière pour sentir le cœur s'agiter encore de quelques battements d'orgueil national! Combien d'entre nous n'ont connu ce glorieux passé que par les récits de leurs pères ou dans les pages de l'histoire! Et si nous exceptons la conquête de l'Algérie, qui n'est due ni à Charles X, ni à Louis-Philippe, mais bien à notre brave armée, quelle grandeur, quel honneur avons-nous eu sous nos deux derniers rois? — Quels étaient notre rang, notre influence, notre considération parmi les nations de l'Europe?

— Rappelons-nous la Pologne, Cracovie, effacées de la carte du continent; rappelons-nous l'idemnité payée au missionnaire Pritchard; rappelons-nous toutes nos hontes; chaque acte de cette politique lâche et misérable, faisait descendre la France d'un degré dans l'échelle de l'avilissement : la patrie indignée constatait sa décadence par la voix de ses écrivains indépendants, par les millions de voix de l'opinion publique, et il faut qu'une nation se sente bien profondément avilie pour faire ainsi, en face de l'Europe entière, l'aveu de son propre abaissement!

Que regrettera-t-on de ce passé d'hier, déjà si loin de nous, que nous croirions, en retraçant sa honte, écrire l'histoire d'un autre siècle, si nous ne voyons encore saignantes les plaies qu'il a faites au pays? — Que regrettera-t-on? A défaut de la grandeur politique de la patrie, lui devions-nous du moins la dignité intérieure, quelques vertus sociales?

Non, non; la corruption d'en haut circulait comme un virus contagieux dans toutes les artères du corps social! Remuons une fois encore, une dernière fois, cette fange immonde que nous venons de balayer. Qu'y trouvons-nous? — Un ministre vendant des priviléges, et flétri par une condamnation publique! un pair de France égorgeant sa femme et un procureur-général n'osant prendre sur lui de le faire arrêter! la dilapidation, la concussion dans toutes les branches administratives! les forêts de l'État frauduleusement dévastées par la cupidité royale! les dépôts sacrés de la caisse d'épargne détournés et dissipés! le budget payé par la nation, employé à fausser la représentation nationale, si toutefois on peut appeler *représentation nationale* une chambre législative nommée par deux cent mille électeurs sur trente-quatre millions de citoyens, dont se compose la France! — Qu'y trouvons-nous enfin?... La dette publique augmentée de 622 milllions en dix-sept ans et nous conduisant à la banqueroute!

Ayez donc le courage de regretter cette royauté-citoyenne dont les actes se résument par ces trois résultats extrêmes :

Avilissement de la grandeur nationale!

Démoralisation de la société!

Ruine de nos finances!

Si c'est là tout le bien qu'a pu faire à la France la royauté constitutionnelle, qui est, à ce qu'on dit, la meilleure des royautés... il faut bien convenir que la meilleure des royautés ne vaut encore pas le diable!

Nous avons tous dans notre tête et dans notre cœur un tribunal naturel, composé de deux juges souverains : la raison et la conscience. Ces deux juges sont impartiaux quand nous ne leur donnons pas pour assesseurs les préjugés, l'égoïsme... arbitres aveugles et corrompus. Eh bien, faisons comparaître devant ce tribunal la légitimité et l'utilité des rois.

Qu'est-ce qu'un roi?

C'est le propriétaire d'un peuple.

Comme si un peuple était un troupeau de bétail qu'un homme puisse s'approprier comme son bien, et transmettre par testament à ses héritiers; comme si un peuple ne s'appartenait pas de droit à lui-même!

Mais, dira-t-on, un roi constitutionnel n'est pas le propriétaire d'un peuple... il n'en est que l'usufruitier, ou si l'on aime mieux, le régisseur, l'intendant...

Or, on sait très bien que Messieurs les intendants font assez généralement leurs propres affaires aux dépens de leurs commettants... et leurs majestés les rois se conforment trop fidèlement à cette habitude...

C'est pourquoi ils font si mal les affaires des peuples.

Que répond à cela le tribunal de la Raison et de la Conscience ? C'est que les rois sont :

Ou des dominateurs illégitimes ;

Ou des régisseurs dangereux.

Donc, ne regrettons pas les rois.

La meilleure manière de faire ses affaires est de les faire soi-même.

Or, LA RÉPUBLIQUE, c'est le peuple faisant ses affaires ; donc, LA RÉPUBLIQUE est le plus légitime et le meilleur des gouvernements.

Mais pour bien faire ses affaires, il faut connaître ses intérêts, ses droits et ses devoirs.

C'est pour faciliter au peuple cette triple instruction, que nous avons écrit ce petit livre.

Si nous atteignons notre but, le petit livre, si petit qu'il soit, aura fait de grands citoyens.

MARC-ANTOINE.

CATÉCHISME RÉPUBLICAIN

DES

VILLES ET DES CAMPAGNES.

CHAPITRE PREMIER

Des Gouvernements monarchiques

D. — Quelles sont aujourd'hui les principales formes de gouvernement des nations de l'Europe ?

R. — Il y en trois principales : La monarchie absolue, — la monarchie constitutionnelle, — et la république.

D. — Qu'est-ce que la monarchie absolue?

R. — C'est le gouvernement d'une nation par un chef unique, qui prend le titre de roi ou d'empereur.

D. — Qu'est-ce qu'un roi, ou monarque absolu?

R. — C'est un homme qui gouverne des millions d'hommes composant une nation, d'après les seules lois de son caprice et de sa volonté.

D. — En vertu de quel droit cet homme impose-t-il ses caprices et ses volontés à une nation?

R. — Il n'est ni droit divin ni droit humain qui légitime sa domination, car le Créateur a fait tous les hommes libres ; et par conséquent une nation, qui n'est que la réunion d'une multitude d'hommes nés libres, doit être libre aussi.

D. — Comment doit-on considérer la monarchie absolue?

R. — Comme l'usurpation des droits d'une nation.

D. — Qu'est-ce qu'un peuple gouverné par la monarchie absolue?

R. — C'est un peuple d'esclaves.

D. — Quel est son droit, son devoir le plus saint?

R. — C'est de briser ses chaînes, et de reconquérir sa liberté!

D. — Qu'est-ce que la monarchie constitutionnelle?

R. — C'est un gouvernement sous lequel les droits de la nation et les pouvoirs du roi sont réglés par un contrat que l'on nomme charte ou constitution.

D. — La nation entière jouit-elle des droits stipulés par ce contrat?

R. — Non, il n'y a que les riches.

D. — En quoi consistent les droits accordés aux riches?

R. — A nommer des représentants ou députés pour faire les lois et voter les impôts.

D. — La classe des travailleurs, la classe pauvre est donc comptée pour rien par un gouvernement constitutionnel?

R. — Oui. pour rien.

D. — Elle ne compose donc qu'une faible partie de la nation?

R. — Au contraire; elle en compose l'immense majorité.

D. — Mais si elle ne coopère pas à faire les lois, est-elle obligée d'obéir à ces lois?

R. — Oui.

D. — Si elle ne coopère pas à voter les impôts, est-elle obligée de les payer?

R. — Oui.

D. — Les classes des travailleurs, les classes pauvres, n'ayant pas de fortune. paient donc aussi des impôts?

R. — Comme les ouvriers et les pauvres familles ne possèdent ni terres, ni maisons que l'on puisse imposer, on leur fait payer l'impôt sur les objets de première nécessité, sur la viande, le vin, le sel, etc.

D. — Cela est-il juste?

R. — Non.

D. — Est-il juste qu'une partie de la

nation subisse des lois qu'elle n'a pas votées ?

R. — Non.

D. — Qu'elle paie des impôts qu'elle n'a pas votés ?

R. — Non.

D. — Qu'elle supporte des charges sans jouir d'aucuns droits ?

R. — Non.

D. — Le prétendu droit dont jouit la classe riche sous un gouvernement constitutionnel n'est donc pas un droit légitime ?

R. — Non, c'est un privilége.

D. — Qu'entendez-vous par un privilége ?

R. — J'entends une faveur accordée à quelques-uns au détriment du droit de tous.

D. — Quelle est donc la condition sociale de cette immense partie de la nation, qui subit les lois, les impôts et les charges votés par des privilégiés, sans jouir d'aucuns droits politiques ?

R. — Sa condition est entièrement la

même que celle des sujets d'un gouvernement absolu.

D. — Elle est donc esclave?

R. — Oui.

D. — Quel est son droit? quel est son devoir?

R. — C'est de renverser le gouvernement qui l'opprime et de reconquérir ses droits avec sa liberté.

D. — Si la monarchie absolue et la monarchie constitutionnelle sont des gouvernements illégitimes, oppresseurs et tyranniques, quelle est la meilleure forme de gouvernement?

R. — C'est celle qui fait concorder les droits naturels de l'homme avec les obligations sociales.

D. — Quels sont les droits naturels de l'homme?

R. — La liberté, l'égalité.

D. — Qu'entendez-vous par les obligations sociales?

R. — Ce sont les lois.

D. — Cette forme de gouvernement existe-t-elle?

R. — Oui.

D. — Comment la nomme-t-on?

R. — LA RÉPUBLIQUE.

CHAPITRE II

De la République

D. — Qu'est-ce que la république?

R. — C'est la souveraineté du peuple.

D. — Qu'est-ce que le peuple?

R. — C'est la totalité des hommes composant une même nation.

D. — Comment un peuple républicain exerce-t-il sa souveraineté?

R. — En faisant lui-même les lois qui le régissent.

D. — Qu'est-ce que la loi?

R. — C'est l'expression de la volonté générale.

D. — Quel est le but de la loi?

R. — C'est de garantir, de protéger les droits de tous : d'empêcher et de punir ce qui est nuisible à la société et à chacun de ses membres.

D. — Un peuple a-t-il le droit de faire ses propres lois?

R. — Si chaque homme a le droit de défendre sa vie, ses biens, sa famille..... qui osera contester à un peuple, qui est une société d'hommes, une grande famille, le droit de garantir par des lois sa sûreté, son bien-être et d'empêcher ce qui peut leur porter atteinte!

D. — Les lois faites par une république sont-elles plus sacrées que celles faites par un roi absolu, ou par une monarchie constitutionnelle?

R. — Les lois d'une république sont seules sacrées et légitimes, parce que les lois étant une obligation imposée à tous, elles ne peuvent être justes qu'autant que tous ont coopéré à leur formation.

D. Les lois d'une république assurent-elles mieux le bonheur d'un peuple que les lois d'une monarchie ?

R. — Oui, parce qu'étant faites par tous, elle ne peuvent avoir qu'un motif : le bonheur de tous. — D'ailleurs les lois sont les affaires des peuples, et le meilleur moyen de bien faire ses affaires est de les faire soi-même.

D. — Que devient une nation qui n'a pas de lois ?

R. — Elle tombe dans le désordre le plus extrême, dans la confusion générale de tous les intérêts luttant les uns contre les autres. La patrie est livrée aux factions, aux ambitieux qui se disputent le pouvoir et veulent faire prévaloir leurs systèmes et leurs idées. C'est la pire des tyrannies. La force brutale remplace le droit : le commerce, l'industrie, sources du travail et de l'aisance, sont ruinés, anéantis. Les propriétés, la vie des citoyens n'ont plus aucune garantie. Le meurtre, l'incendie, le pillage répandent partout l'épouvante et la désolation. Le sol du pays devient un vaste champ de bataille où la guerre civile exerce ses ravages parricides. La liberté périt dans cette convulsion sociale. Bientôt la patrie déchirée, affaiblie par la division de ses enfants est incapable de résister à l'invasion des puissances étrangères qui se partagent entre elles le pays conquis ou lui imposent un gouvernement tyrannique. Telle est la conséquence inévitable de l'absence ou du mépris des lois. Cette maladie mortelle des nations, ce monstre qui dévore les peuples, se nomme l'*anarchie!*

D. — Les lois sont donc nécessaires au bonheur d'un peuple?

R. — Oui, car elles maintiennent l'équilibre entre les intérêts et les droits de tous : et de cet équilibre résultent pour une nation la tranquillité, la sûreté, l'harmonie qui en font la prospérité.

D. — Comment le peuple entier coopère-t-il à la formation des lois?

R. — En nommant dans chaque département un certain nombre de représentants qui se réunissent en assemblée nationale et font la loi au nom de la nation.

D. — Ainsi, tous les Français sont électeurs?

R. Oui, tous.

D. — Et tous peuvent-ils être élus représentants?

R. — Oui, tous sans exception : le riche comme le pauvre, le maître comme l'ouvrier, le savant, l'artisan, le soldat, le prêtre, le paysan... tous enfin ont non-seulement le droit de nommer leurs représentants, mais ils ont pareillement le droit d'être choisis par leurs concitoyens pour les représenter dans l'Assemblée législative et faire les lois utiles au pays.

D. — Le choix d'un bon représentant est-il une chose importante? Pour une affaire d'argent, donneriez-vous votre procuration au premier venu?

R. — Non, sans doute. Je choisirais l'homme le plus honnête : celui en qui j'aurais le plus de confiance. Lorsqu'il s'agit des intérêts de votre pays, votre choix doit être encore plus attentif, encore plus scrupuleux.

D. — Faut-il choisir de préférence pour son représentant un homme qui parle bien, qui fait de beaux discours et de belles professions de foi?

R. — Choisissez avant tout le plus honnête homme que vous connaîtrez, le plus sincère ami de la république, le plus dévoué au bien public, le plus désintéressé, le plus éclairé : la droiture et le bon sens sont plus utiles que l'éloquence pour faire de bonnes lois.

CHAPITRE III

Des deux Républiques françaises

D. — N'avons-nous pas eu déjà, en France, la république?

R. — Oui, en 1792.

D. — La république de 1792 a-t-elle fait le bonheur de la France?

R. — Non : mais les grands principes qu'elle a proclamés, les fautes même qu'elle a commises ont fait faire un pas immense à l'éducation politique du pays, et ont préparé la nation à pouvoir jouir sans danger des institutions républicaines.

D. — Est-ce la république elle-même qu'il faut accuser des maux que la France a soufferts en ce temps-là?

R. — C'est au contraire parce qu'on s'est écarté des principes républicains, que la patrie a eu tant à souffrir : mais les circonstances dans lesquelles la république prit naissance, ne lui permirent pas de s'asseoir sur ses véritables bases qui sont l'union, la tolérance, la fraternité. Elle eut à soutenir une lutte acharnée contre le parti de la noblesse qui déshérité de ses titres et de ses vieux privilèges, et dans l'espoir de les reconquérir, excitait la guerre civile au dedans et poussait l'invasion sur nos frontières. Au milieu de tous ces périls, la Convention ne crut voir de salut pour la république que dans un système de proscription et de terreur. De là l'odieuse loi contre les suspects ; de là les flots de sang versés sur l'échafaud ! On ne peut dire que la république fût complice de ces excès : ils étaient commis en son nom, il est vrai, mais la république n'existait plus alors ; elle avait été étouffée par l'anarchie !

D. — Est-il raisonnable de craindre que la république nouvelle entraîne de semblables malheurs?

R. — Une pareille crainte ne serait pas raisonnable. Il est facile de comprendre que la France de 1848 n'a pas à imiter la France de 1792. D'abord, parce que les erreurs du passé sont pour elle un enseignement, l'enseignement de l'expérience; ensuite, parce que les circonstances politiques et sociales ne sont pas les mêmes.

D. — Les circonstances, aujourd'hui, sont-elles plus favorables à l'établissement paisible d'une saine et vraie république?

R. — Sans doute; la république nouvelle n'a pas eu à renverser une royauté de plusieurs siècles; elle n'a pas eu à déraciner les abus invétérés de l'ancienne féodalité; les nobles dont elle vient de supprimer les titres, ne sont plus un parti redoutable: c'est une caste sans force et sans influence.

Les partisans du régime déchu sont au plus quelques fonctionnaires qui regrettent plus leur traitement que leur roi. Le roi que le nation vient de chasser n'emporte pas même la commisération de ses anciens amis : le mépris général l'accompagne dans son exil; le peuple qui l'avait élevé au trône sur les barricades de 1830, avait le droit incontestable de le destituer, parce qu'il a oublié son origine ; parce qu'il a comprimé les libertés, parce qu'il a corrompu à son profit la représentation nationale, parce qu'il a dilapidé pour cet usage infâme les revenus de la liste civile, les fonds de la caisse d'épargne, le budget payé par la nation ; parce qu'il a répondu par la mitraille et le canon aux vœux légitimes du peuple qui l'avait fait roi. Il n'a pas même pour donner à sa cause une lueur d'espoir, le prestige de la prétendue légitimité, qui entourait la race des anciens Bourbons. Ainsi, la république n'a pas à redouter de conspirations intérieures ni extérieures pour le retour d'un roi méprisé de tous.

D. — Quelles sont donc les autres circonstances favorables qui assurent le paisible établissement de la République nouvelle ?

R. — Ces circonstances sont l'état de calme et de paix dans lequel se trouve l'intérieur de la France depuis près d'un demi-siècle, et la situation des diverses puissances de l'Europe. — L'avènement de la république française a été salué avec sympathie, avec enthousiasme par tous les peuples de l'Europe ; le triomphe de notre liberté a éveillé en eux un noble élan d'émulation, et le sentiment de leurs droits. — Tous les trônes ont été ébranlés par la secousse électrique de notre révolution. La royauté, vieux préjugé vermoulu, dernier vestige des temps de barbarie, chancelle de toutes parts, et ne tardera pas à s'abîmer pour jamais comme une ruine du passé. Les rois ont bien assez à faire de se cramponner à leurs trônes croûlants, pour pouvoir penser à marcher contre la France. S'il y en avait un seul qui fût assez insensé pour l'entreprendre, les populations entières de l'Europe se réuniraient pour barrer le passage à son armée d'esclaves, et la refouler jusque dans sa capitale. Déjà tous les peuples se sont insurgés, soulevés en masse pour demander des libertés, des droits.... et les rois tremblants leur ont tout accordé en demandant grâce pour leur couronne. Encore un pas, et l'Europe conquiert son indépendance absolue; encore un pas, et la république proclame sur le monde entier les saints principes de la Liberté, de l'Égalité, de la Fraternité!

D. — Quelles sont les autres différences qui distinguent la république de 1848, de celle de 1792?

R. — C'est d'avoir préféré au drapeau rouge, témoin seulement des malheurs de la nation, le drapeau tricolore, qui est le drapeau du peuple, et qui a fait le tour de l'Europe à la tête de nos armées triomphantes.

D. — N'est-il pas un autre point de différence qui rend à jamais impossible le retour du système de violences et de terreur de 1793?

R. — Oui; c'est la magifique et sublime proclamation par laquelle notre nouvelle république a décrété l'abolition de la peine de mort pour crimes politiques.

D. — Quels sont les premiers bienfaits que nous devons à notre jeune république?

R. — C'est d'avoir assuré du travail et un salaire à tous les citoyens, en ouvrant de grands ateliers nationaux; — d'avoir diminué les heures de travail des ouvriers pour leur laisser le temps et les moyens de s'instruire; — et de s'occuper avec un zèle ardent et sincère de l'amélioration du sort des travailleurs en cherchant un système d'association au moyen duquel ils entreront en partage de bénéfices avec les maîtres, les chefs de fabriques et les entrepreneurs; de telle sorte que leurs fatigues et leurs sueurs ne seront plus considérés comme un simple service dont on s'acquitte en le payant, mais bien comme un capital, une mise de fonds, ayant droit aux bénéfices de la fabrication, de l'exploitation, qui, autrefois, n'enrichissaient que les maîtres.

CHAPITRE IV

Des trois principes fondamentaux de la République.

D. — Quels sont les trois principes fondamentaux de la république?

R. — La liberté, — l'égalité, — la fraternité.

D. — Est-ce la république qui, la première, a proclamé ces principes?

R. — Le Christ les avait proclamés avant elle; et, avant le Christ, la nature les avait gravés dans le cœur de l'homme, comme résumant tous ses droits et tous ses devoirs. — Ainsi, la liberté et l'égalité comprennent tous les droits naturels de l'humanité; et le principe de la fraternité embrasse tous ses devoirs. C'est parce qu'elles ne reposaient pas sur ces trois bases éternelles, que nos vieilles institutions ont péri. C'est parce qu'elle se fonde sur ces trois pierres angulaires de l'humanité, que la république est comme un Evangile divin, prédestiné à faire le tour du monde et à régénérer toutes les nations.

§ I

DE LA LIBERTÉ.

D. — Qu'est-ce que la Liberté?

R. — C'est un droit que tout homme tient de la nature, et qui consiste à pouvoir faire tout ce qui ne nuit pas à autrui.

D. — La liberté a donc des bornes?

R. — Elle n'existerait pas sans cela; car si vous étiez libre de nuire à vos semblables, chacun de vos semblables aurait le même droit contre vous et contre tous, et personne ne jouirait de la liberté.

D. — Qui est-ce qui pose les limites de la liberté?

R. — La loi seule, rien que la loi.

D. — Pourquoi la loi seule?

R. — Parce qu'elle est l'expression de la volonté générale, et que l'homme libre ne doit se soumettre qu'à la volonté générale. Un individu, une société, une minorité quelconque n'a pas le droit d'imposer à un citoyen libre ses caprices, ni ses volontés.

D. —Ainsi, tout ce que ne défend pas la loi, on peut le faire?

R. — Oui, tout.

D. — Et nul ne peut me contraindre à faire ce que la loi n'ordonne pas?

R. — Celui ou ceux qui prétendraient vous y contraindre commettraient un attentat contre le droit de liberté, droit naturel de tout homme, droit formel et inviolable du citoyen républicain.

D. — Comment doit-on considérer ceux qui, au nom même de la liberté, voudraient vous imposer, par la menace ou la violence, un acte quelconque que la loi n'ordonne pas?

R. — Vous devez les considérer comme des tyrans et des oppresseurs qui usurpent votre droit de liberté; comme des violateurs du premier principe fondamental de la république.

D. — Comment doit-on agir contre de telles gens?

R. — Comme on agit contre les tyrans et les despotes; repousser la violence par la force; et si votre force est insuffisante, faire appel à celle de la république, dont le devoir est de garantir et de protéger vos droits.

D. — La loi elle-même, par respect pour le premier principe républicain, ne s'impose-t-elle pas des limites dans son droit de limiter la liberté ?

R. — Oui ; car elle ne peut défendre que ce qui est nuisible à autrui, et elle ne peut commander de faire que ce qui est utile à tous.

§ II

DE L'ÉGALITÉ.

D. — Qu'est-ce que l'égalité ?

R. — C'est un droit que tout homme tient de la nature, et qui consiste à pouvoir jouir de tous les avantages dont jouissent ses semblables.

D. — Le droit d'égalité est-il absolu et sans restrictions ?

R. — Non ; car la nature elle-même, en proclamant ce principe général, l'a subordonné à une multitude d'inégalités individuelles qu'il n'est pas donné aux institutions humaines les plus parfaites de pouvoir niveler.

D. —Quelles sont ces inégalités ineffaçables jetées par la nature même dans la race des hommes?

R. —De même que la nature a fait les plaines et les montagnes, les ruisseaux et les fleuves, le grain de sable et le diamant, de même elle a répandu dans la race humaine des inégalités infinies. Si elle a accordé à tous les hommes pris en masse des bienfaits et des dons généraux, tels que le soleil, l'air, la lumière, les sens et la pensée... si elle les a soumis à des maux communs à tous : les maladies, la mort... elle a réparti d'une manière inégale, entre les individus de l'espèce, ses largesses et ses maux. Ainsi, elle donne aux uns un siècle de vie, aux autres quelques années, un jour, une heure à peine; elle doue les uns de la santé, de la force du corps, de la beauté de la forme, d'une haute et vaste intelligence... elle afflige les autres de souffrances et d'infirmités, de la laideur et de la faiblesse, d'un degré intellectuel à peine supérieur à celui de la brute. De telle sorte, que l'on peut dire que la nature n'a pas fait deux hommes parfaitement égaux.

D.—En quoi consiste donc l'égalité républicaine?

R.—Elle consiste à n'admettre que les seules inégalités indestructibles de la nature: à corriger celles qui sont susceptibles de correction, à détruire enfin toutes les inégalités factices résultant d'institutions vicieuses, d'usurpations, d'abus et de priviléges; et à se rapprocher ainsi, le plus possible, de l'égalité absolue.

D. — L'égalité républicaine peut donc corriger certaines inégalités créées par la nature même?

R.—Elle n'en peut corriger que les effets nuisibles; par exemple, en empêchant, au moyen de la loi, le fort d'opprimer le faible. Mais elle ne peut empêcher le fort de faire de sa force un usage utile et légitime, en l'appliquant au travail ; il en retirera naturellement un salaire plus considérable que le faible ; mais cette différence sera juste, étant proportionnée à la différence des services rendus. L'inégalité des forces, des intelligences, des aptitudes, produit donc des œuvres d'inégale valeur : l'inégalité de valeur justifie l'inégalité des salaires, laquelle conduit à l'inégalité des fortunes.

D. — L'inégalité des fortunes est-elle juste et légitime?

R.—Oui, à moins que vous n'admettiez que l'homme n'a pas le droit de posséder et de conserver le salaire acquis par son travail... à moins que vous n'admettiez que le bon ouvrier, le bon travailleur ne doit pas être mieux rémunéré que le paresseux, le dissipateur, l'ivrogne et le débauché.

D.—L'égalité républicaine consent donc à ce qu'il y ait des pauvres et des riches?

R.—Elle consent à ce qu'il y ait des riches, puisque la richesse, la propriété doivent être considérées comme le fruit légitime du travail, soit manuel, soit intellectuel ; — mais la république abolit la pauvreté !

D. — Comment abolit-elle la pauvreté?

R. — En assurant du travail et un salaire à tous les citoyens valides — et en créant des secours gratuits pour les infirmes et les vieillards. — Il n'y a donc, sous la république, que des riches à différents dégrés ; — mais il n'y a plus de pauvres, puisqu'il y a du travail pour tous ceux qui peuvent travailler, et des secours pour tous ceux qui ne le peuvent pas.

D. — Si, malgré cela, il y a encore des pauvres, comment faudra-t-il les considérer?

R. — Il faudra dire nécessairement que, pouvant travailler, ils ne le veulent pas : s'ils demandent et obtiennent des secours, on pourra dire qu'ils volent l'argent de la république, destiné aux infirmes et aux vieillards. Ce seront donc des paresseux, des vicieux,—et, comme tels, des ennemis de la société et de la république.

D. —Vous venez de parler des inégalités naturelles et de leurs conséquences légitimes. Parlez-nous maintenant du principe d'égalité proclamé par la république.

R. — La république assure à tous les citoyens l'égalité absolue de tous les droits politiques.

D.—Quels sont ces droits politiques?

R.—Le droit de faire, par leurs représentants, librement et volontairement choisis, toutes les lois du pays ; — le droit d'égalité absolue devant ces mêmes lois, soit qu'elles protégent, soit qu'elles punissent;—le droit de pouvoir être appelés, par l'élection, à tous les emplois, à toutes les fonctions publiques.

D.—Quelles sont les inégalités factices

créées par les institutions monarchiques, et que la république abolit?

R. — Elle abolit toutes les distinctions résultant de priviléges ou du prétendu droit de naissance : telles que la pairie et les titres de noblesse ; elle abolit toutes les dénominations de classes qui détruisaient l'unité et l'égalité sociales.

D.—Il n'y a donc plus ni bourgeoisie ni aristocratie?

R. —Non , il n'y a plus que des citoyens, et la masse des citoyens s'appelle le *Peuple*.

D. —Comment doit-on considérer ceux qui, dans leurs discours ou leurs écrits, persistent à séparer les riches et les anciens bourgeois du reste du peuple?

R.—On doit les considérer, ou comme des ignorants qui ne connaissent même pas le deuxième principe fondamental de la république, qui est l'*égalité*, ou comme des ennemis de la république, qui, cherchant, dans un intérêt de désordre et d'ambition, à exciter la désunion et la haine entre des citoyens libres et égaux, violent, non-seulement le principe d'égalité, mais encore le principe de liberté et celui de la fraternité. Les prétendus républicains qui agissent ainsi, tendent de plus vers des conséquences anti-républicaines et complètement absurdes, puisque le but des distinctions qu'ils maintiennent est de reconstituer ce que la république a détruit, savoir : une classe de citoyens privilégiés au détriment de la totalité de la nation... c'est-à-dire une *aristocratie* dans la république !

§ III

DE LA FRATERNITÉ.

D. — Qu'est-ce que la Fraternité?

R. — C'est une obligation morale qui

défend à chaque homme de faire aux autres ce qu'il ne voudrait pas qu'on lui fît; — et qui lui commande de faire constamment aux autres le bien qu'il voudrait en recevoir. C'est le lien naturel de la famille privée, appliqué par la République à la famille nationale, et étendu par la morale à la grande famille humaine. C'est la clé de voûte de la société républicaine : La Fraternité résume et consacre les principes de la Liberté, et de l'Égalité. Supprimez-la, l'inégalité renaît, la liberté succombe, et la république s'abîme dans la guerre civile et l'anarchie.

D. — La Fraternité admet-elle la guerre de peuple à peuple?

R. — La Fraternité réprouve et condamne la guerre comme moyen d'attaque et d'agression : elle l'approuve et la proclame un droit et un devoir, comme moyen de résistance et de défense nationale ; elle la proclame sainte et sacrée, comme assistance donnée à un peuple opprimé, qui demande secours pour conquérir sa liberté.

D. — Quel nom peut-on donner à la réunion des trois principes : Liberté, Égalité, Fraternité ?

R. — On peut les nommer la TRINITÉ RÉPUBLICAINE.

CHAPITRE V.

Des droits du Citoyen.

D. — Quels sont les droits du citoyen républicain ?

R. — Il a le droit de liberté, qui consiste à pouvoir faire, dire, penser, écrire et publier, tout ce qui ne peut nuire à autrui ; c'est-à-dire tout ce que la loi ne défend pas ;

Ainsi : Liberté d'action,
Liberté de pensée,
Liberté de conscience,

Liberté de parole,
Liberté de publication,
Liberté d'association,

N'ayant de limites que celles posées par la loi :

Or, il a le droit de faire la loi par le vote de son représentant ;

Il a le droit d'être nommé représentant par ses concitoyens ;

Il a le droit de résister à toute autorité qui lui commande un acte que la loi n'ordonne pas ;

Il a le droit d'égalité qui le constitue l'égal de chacun de ses concitoyens ;

Il a le droit de jouir au même dégré que tous et que chacun de la protection de la loi ;

Il a le droit de sûreté pour sa vie, son bien-être et sa propriété ;

C'est-à-dire que la loi protége, et que la force publique garantit sa vie, sa liberté personnelle, et sa propriété, contre toute violence illégale;

Il a le droit de jouir et de disposer librement de ses biens, de ses revenus : soit que sa possession ait pour origine le travail, soit qu'il la tienne d'un don testamentaire;

Il a le droit d'engager son temps et ses services, librement et comme il l'entend;

Bref, sa personne, ses actes, son domicile, sa volonté, sa propriété sont inviolables, — à moins qu'il n'ait lui-même violé la loi, en portant atteinte aux droits d'autrui.

Dans ce cas, il a le droit de ne subir que la répression et la peine stipulées par la loi; pour l'infraction qu'il a commise;

Or, comme il a coopéré à la formation de la loi, on peut dire que c'est lui-même qui se condamne pour avoir violé le contrat social.

CHAPITRE VI.

Des devoirs du Citoyen.

D. — Quels sont les devoirs du civoyen républicain?

R. — Son premier devoir est de concourir à l'établissement paisible de la République, en évitant toutes les causes de désordre et de désunion. Son devoir est ensuite de pratiquer religieusement la fraternité envers ses concitoyens, de respecter en eux la liberté, l'égalité, et tous les droits dont il jouit lui-même; de fréquenter les clubs pour y proclamer et y maintenir dans leur intégrité les principes fondamentaux de la république, et pour s'y éclairer, par la discussion, sur la probité et les lumières des représentants qu'il doit nommer. Il doit défendre la république contre les ennemis du dehors, au prix même de sa vie. Mais les ennemis les plus dangereux de la république ne sont pas au dehors ; il faut les voir dans ces hommes ambitieux et envieux qui, sous de menteuses apparences de patriotisme, et dans un but caché de domination et d'intérêt personnel, excitent les citoyens au désordre, à la paresse, aux manifestations inutiles, qui compromettant la sécurité publique, alarment les capitaux, poussent le commerce à sa ruine, tarissent les sources vitales du travail, et précipitent ainsi la république vers la misère générale, vers la guerre civile et l'anarchie, qui est la convulsion dernière de la liberté des nations. Le devoir du bon citoyen, du vrai et sincère républicain, est de combattre de tous ses moyens, de toutes les forces de son intelligence, de sa parole et de son patriotisme, ces éléments de désunion, de discorde et de tyrannie. Les bons citoyens qui fréquentent les clubs se rappellent sans cesse qu'une réunion d'hommes, si nombreuse qu'elle soit, ne constitue jamais qu'une minorité imperceptible de la nation, et que les hommes qui la composent y figurent comme simples citoyens, et non point comme délégués du peuple ; qu'en conséquence, ils ne peuvent que discuter et exprimer des vœux ; ils n'ont pas le droit de vouloir : ce droit n'appartient qu'à la souveraineté du peuple, représentée par la majorité de l'Assemblée nationale. — Pénétré de ces principes vraiment républicains, le pur citoyen qui réclame pour lui la liberté pleine et complète de choisir ses représentants, doit assurer à ses concitoyens, au pays tout entier, la même liberté complète et absolue. Il doit se dire que toute influence oppressive tend à fausser la vérité de la représentation nationale ; il comprend qu'il y a deux sortes de corruptions électorales : celle qui procède par l'argent et les faveurs, comme sous le gouvernement déchu, et celle qui s'opère par la menace et la terreur ; c'est de cette dernière corruption, aussi infâme que la première, que voudraient user quelques faux républicains, aussi ennemis de la république que les rois mêmes que nous avons chassés. Le franc Républicain se dit que de la vérité parfaite de la représentation nationale peuvent seulement émaner les bonnes lois; que si la représentation nationale est faussée par une corruption quelconque, les lois qu'elle fera n'étant plus l'expression réelle de la volonté générale, seront vexatoires et tyranniques pour une partie de la nation : dès lors plus de liberté, plus d'égalité : la république est viciée dans son essence, elle devient la proie de quelques dictateurs qui l'exploitent au profit de leur ambition, ou la livrent, moyennant récompense honnête, aux tyrans monarchiques dont ils sont les complices secrets. Le devoir de tout bon citoyen de la république est donc de veiller sans cesse, toujours et partout, comme une sentinelle incorruptible au maintien de l'inviolabilité du principe républicain, qui est la vérité dans la Liberté, la vérité dans l'Égalité, la vérité dans la Fraternité !

D. — Le bon citoyen ayant accompli ce devoir sacré, quels sont les autres devoirs qui lui restent à remplir ?

R. — Observer religieusement les lois ; prendre sa part des charges, des services publics ; ne pas négliger par indifférence d'user de ses droits politiques ; respecter les fonctionnaires entre les mains de qui la nation a confié ses pouvoirs pour l'exécution et l'application des lois ; s'il est riche dépenser largement ses revenus pour faire circuler la sève vitale du commerce, de l'industrie et du bien-être du travailleur. S'il attend sa vie du travail, être assidu à l'atelier, tenir à honneur d'y donner l'exemple du courage laborieux, courage aussi glorieux que celui du soldat sur le champ de bataille ! faire rougir par son activité, par sa raison froide et calme, par sa tempérance, l'ouvrier paresseux, oisif, débauché, qui gaspille, au moyen de faux certificats de misère, les deniers de la république auxquels n'ont droit que les misères réelles. Propager l'amour de l'ordre, et les vertus républicaines, se tenir au courant des affaires publiques, qui l'intéressent en sa qualité de citoyen, développer, par l'étude son intelligence et son instruction : l'instruction, c'est la dignité de l'homme. L'ignorance rend le citoyen presque indigne de ce noble titre; car, avec elle, il ne comprend ni ses droits, ni ses devoirs; il croit être libre et sa volonté ne lui appartient pas, elle devient la proie facile du premier charlatan, du premier ambitieux qui tente de s'en emparer pour s'en servir à son profit, tout en se moquant secrètement de celui qu'il flatte et qu'il trompe : l'ignorance fait les esclaves; témoin les serfs de la Russie; elle est la plus fidèle complice des rois; aussi se gardent-ils bien de pousser le peuple à s'instruire et de lui en faciliter les moyens. Que le travailleur s'instruise donc ; et que l'instruction qu'il aura acquise, il la répande parmi ses frères, et réclame d'eux le même bienfait. Qu'il prépare de bons citoyens à la république en élevant ses enfants dans ses saines doctrines, en leur inspirant de bonne heure l'amour ardent de la patrie, en faisant pénétrer dans leurs jeunes cœurs le prix inestimable de la LIBERTÉ, et la sainte religion de la FRATERNITÉ.

C'est ainsi que l'honnête homme remplira sa tâche de citoyen envers son pays, et envers l'humanité entière dont il est aussi le citoyen : c'est ainsi qu'il assurera le bonheur de sa patrie et qu'il préparera le glorieux avènement de la fraternité des peuples et de la RÉPUBLIQUE UNIVERSELLE !

CHAPITRE VII.

De l'Impôt.

Bien des gens, à l'avènement de la république, se sont écrié avec joie : On ne paiera plus d'impôts !

Cette espérance, ce vœu étaient justes et fondés de la part des classes pauvres, sur lesquelles les égoïstes institutions de la monarchie faisaient peser une contribution tyrannique et cruelle, prélevée sur les premières nécessités de la vie. Ainsi, la république, qui est un gouvernement paternel et moral, abolira sans doute l'impôt odieux qui renchérit le prix de la viande, du vin et du sel ; il est impossible de concevoir une contribution plus inique, plus infâme que celle qui se perçoit sur la vie matérielle de l'homme.

Que penser d'un gouvernement qui se proclamait humain et moral, parce qu'il avait supprimé les maisons de jeu et la loterie, quoique rapportant des sommes énormes au trésor, et qui maintenait comme humain et moral l'impôt qui faisait payer par l'homme le droit de vivre !

Il est donc de toute justice qu'on efface de nos lois de finances cette taxe honteuse et impie ! Mais il ne faut pas demander la suppression de toutes les contributions : ce ne serait ni raisonnable ni possible.

La nation a des charges immenses, des travaux d'intêret public, des troupes, des employés, des fonctionnaires chargés d'administrer le pays et de faire exécuter les lois... Pour payer toutes ces dépenses, il lui faut un revenu : c'est la contribution qui est le revenu de la nation. Comme chacun jouit des travaux et des services publics, il est juste que chacun paie sa part de la dépense qu'ils nécessitent ; mais chacun ne doit contribuer qu'en proportion de son avoir, de son aisance, de sa fortune.

Ainsi, pour que la contribution soit répartie d'après des bases équitables, il faut :

Que celui qui n'a que le strict nécessaire ne paie rien ;

Que celui qui ne jouit que d'une modeste aisance paie une faible part ;

Que celui qui possède une fortune considérable paie une part pour celui qui a peu, une part pour celui qui n'a rien.

Notre première république, à qui nous devons toutes les idées grandes et libérales qui ont mûri l'éducation sociale de la France, avait assis son système de contribution sur ces principes d'équité :

Elle avait décrété *l'impôt somptuaire* par la loi du 7 thermidor an 3 (25 juillet 1795); et ce sera certainement une des premières lois que remettra en vigueur l'Assemblée nationale.

Cette loi, appelée *somptuaire* parce qu'elle portait spécialement sur la somptuosité, sur le luxe, sur l'opulence, atteignait ces capitalistes avides, ces financiers égoïstes qui, enrichis par l'usure, l'agiotage, la mauvaise foi, le monopole, et n'ayant pour fortune que de l'or, des bijoux, de somptueux mobiliers, des équipages, des chevaux, des bibliothèques et des tableaux de prix, échappaient à l'impôt foncier parce qu'ils ne possédaient pas un pouce de bien au soleil, et ne payaient aucune patente parce qu'ils n'exerçaient aucune profession industrielle. Tandis qu'un pauvre laboureur qui n'a qu'un coin de terre qu'il arrose de ses sueurs pour faire vivre à peine sa laborieuse famille, paie un impôt à l'État, tandis que le petit marchand voit son modeste bénéfice réduit par les frais de la patente, ces riches privilégiés jouissaient gratuitement de tous les avantages publics payés par le budget national, c'est-à-dire par les contribuables.

La loi somptuaire supprima ce privilége.

Elle ne supprima pas le luxe, l'opulence; car les grandes fortunes sont nécessaires pour la prospérité de l'industrie, du commerce, l'activité des ateliers et le bien-être de l'ouvrier... mais elle mit un impôt sur les jouissances du luxe.

Voici quelle était cette contribution pour les villes de 50,000 mille âmes et au-dessus :

Cheminées (autres que celles des cuisines, des fours, des usines et des manufactures), 5 francs pour la première, 10 francs pour la seconde, 15 francs pour chacune des autres.

Les villes au-dessous de 50,000 âmes ne payaient que moitié de cette somme.

Les villes au-dessous de 15,000 âmes ne payaient que le quart, c'est-à-dire 1 fr. 75 c. pour la première cheminée, 2 fr.

50 c. pour la seconde, et 5 fr. pour chacune des autres.

Poêles. — La moitié de la contribution payée pour les cheminées.

Domestiques mâles (autres que ceux employés à l'agriculture et aux troupeaux). — 10 fr. pour le premier, 30 fr. pour le second, 90 fr. pour le troisième, et ainsi de suite en triplant pour chacun des autres. Exception pour les domestiques âgés de plus de 60 ans.

Chevaux (autres que ceux qui servent à l'agriculture, au commerce, aux voitures publiques, au roulage). — 20 fr. le premier, 40 fr. le second, 80 fr. le troisième, et ainsi de suite en doublant.

Voitures suspendues, carrosses et cabriolets (autres que ceux des selliers et des carrossiers). — Par paire de roues : 20 fr. pour la première ; 40 fr. pour la seconde ; 120 fr. pour la troisième, et ainsi de suite en augmentant dans la même proportion.

Les entrepreneurs de voitures publiques, les loueurs de chevaux ne payaient que 10 fr. par roue et 5 fr. par cheval.

Cet aperçu de la loi somptuaire donne une idée de l'esprit dans lequel elle fut conçue : dégréver de tout impôt le repas quotidien du pauvre et faire contribuer aux dépenses publiques les jouissances, les commodités du riche.

C'est à la première république que la classe pauvre et laborieuse dut cette bienfaisante loi. Elle rapporta la première année (1796) 60 millions au trésor, la deuxième 50 millions; elle se maintint sur ce pied-là jusqu'en 1799, époque de l'avènement de Bonaparte au consulat. La nouvelle cour du premier consul cria bientôt contre l'impôt somptuaire et obtint sa suppression en 1803. Par une conséquence naturelle, puisque les hommes à argent ne voulaient plus payer, il fallait bien s'adresser à ceux qui n'en avaient pas. On établit donc, en 1804, les *droits réunis*, impôts sur le vin, la bière, le cidre, les eaux-de-vie, les cartes et le tabac. Lors de son entrée dans Paris, Louis XVIII promit formellement de les abolir ; il tint sa promesse comme les rois tiennent leurs promesses : il abolit les *droits réunis*, mais il les remplaça par les *contributions indirectes* qui sont absolument la même chose sous un autre nom.

Ainsi, l'on voit une loi juste et humaine établie par la république, se maintenir tant que vivent les généreuses institutions républicaines, et disparaître sitôt que revient le règne des aristocraties et des privilégiés.

Espérons donc, ou plutôt attendons avec confiance la réforme complète, radicale, que l'assemblée de nos législateurs fera subir à la contribution ; bientôt, du haut de la tribune nationale, la république criera à la France : *Plus de droits réunis*.

Et la république n'est pas un roi...
Elle tient ses promesses !

CHAPITRE VIII.

De l'organisation du travail.

Une des questions dont on parle le plus depuis l'avènement de notre jeune république, c'est le projet de l'*organisation du travail*.

Le but général du projet est magnifique et généreux : c'est d'améliorer le sort du travailleur, c'est de le faire participer, en dehors de son salaire, aux bénéfices de la production, bénéfices qui, jusqu'à ce jour, tombaient tous dans la poche du maître.

L'idée est belle, grande, juste, et si l'on peut parvenir à la réaliser, ce sera certainement un des actes les plus mémorables et les plus glorieux de notre révolution.

Jusqu'à présent, il faut en convenir, ce problème a rencontré des difficultés insurmontables... Cela ne veut pas dire qu'on ne les surmontera pas.

La commission qui siége au palais du Luxembourg, dans l'ex-chambre des pairs, se compose d'hommes éminents délégués par les ouvriers de tous les états, par les maîtres et les fabricants : elle est présidée par deux membres du Gouvernement provisoire. Cette assemblée tient de nombreuses séances, où se débattent tous les intérêts mis en jeu par ce projet gigantesque, où jaillissent dans le choc de la discussion toutes les lumières de la théorie et de l'expérience.

Voici les bases générales de l'organisation proposée :

On veut que le maître qui fournit l'argent, et l'ouvrier qui fournit son travail, soient désormais associés ;

C'est-à-dire que l'un ayant retiré l'intérêt de son argent, l'autre ayant retiré l'intérêt de son travail ou son salaire, l'un et l'autre ait sa part des bénéfices ;

Mais on veut que tous les ouvriers d'un même atelier, l'habile et le maladroit, l'actif et le paresseux, l'intelligent et l'ignorant, reçoivent le même salaire ;

On veut que tous les ouvriers aient une part égale dans les bénéfices ;

On veut de plus que tous les ouvriers de Paris *ne puissent* travailler que dix heures par jour, et les ouvriers des départements que onze heures ;

Afin qu'il reste aux premiers deux heures, aux derniers une heure pour pouvoir s'instruire.

Nous le répétons, le but du projet est admirable, mais les moyens qu'on propose pour sa réalisation ne tendent-ils pas à un résultat tout contraire à son but.

L'objet de ce petit livre n'est pas de critiquer, mais de définir et d'examiner... d'examiner si les institutions que l'on prépare sont bien conformes aux principes sacrés, inviolables de la république. C'est à ces principes qu'il faut tout ramener; c'est à ce creuset qu'il faut tout essayer!...

Que devient d'abord la *liberté* de l'ouvrier si on lui impose cette association forcée non-seulement avec le maître, mais avec d'autres ouvriers peut-être moins forts, moins habiles, moins laborieux, moins intelligents que lui;

Que devient sa *liberté* si on lui impose ces réglements, cette discipline semblable à celle d'une caserne, d'un cloître ou d'une prison;

Que devient sa *liberté* s'il n'est pas libre d'augmenter la durée de son travail pour augmenter son salaire et accroître son bien-être !

Que deviennent la *liberté*, la justice et l'humanité si le père de famille, pour nourrir et vêtir ses quatre ou cinq enfants, n'a pas le droit de travailler quelques heures de plus que l'ouvrier célibataire, son associé !

Que devient l'*égalité*, par cette égalité même des salaires et du partage des bénéfices.

Puisque l'égalité devant la loi c'est : à crimes égaux, peines égales ;

L'égalité devant le salaire et le bénéfice, c'est : à travail égal, salaires et bénéfices égaux !

Est-il permis d'admettre que l'ouvrier paresseux ou malhabile, qui aura apporté dans l'association un moindre capital de travail, recevra le même salaire, la même part de bénéfice que l'ouvrier laborieux, habile, intelligent, qui, par l'importance et l'excellence de son travail, aura fait prospérer l'atelier ?...

C'est donc des sueurs du fort travailleur que s'enrichira le paresseux !

La justice et la raison repoussent une telle conséquence et les causes qui la produisent.

Par la limitation forcée des heures de travail, on arrive à cet autre résultat non moins pénible :

De deux ouvriers, l'un chargé de famille, l'autre célibataire, qui auront travaillé un an dans le même atelier,

L'un se sera enrichi ; c'est le célibataire ;

L'autre sera resté pauvre : c'est le père de famille ;

Une organisation qui conduit à cela n'est ni humaine, ni juste, ni morale ; donc, elle n'est pas républicaine.

On dit bien que dans l'atelier sera affiché un placard ainsi conçu : « L'ouvrier paresseux vole la société. »

On dit que l'amour-propre du paresseux l'excitera à se corriger.

Mais la paresse est un vice, et le vice a peu d'amour-propre.

En limitant l'activité du travailleur par les heures de travail, on comprime l'activité qui est une vertu, on ne stimule pas la paresse, qui est un vice.

En égalisant le salaire et le bénéfice, on n'excite pas l'émulation de l'intelligence vulgaire, on décourage l'intelligence supérieure.

Mais, ajoute l'auteur du projet, pour combattre ces objections, la fraternité réprouve le sentiment d'intérêt personnel.

Sublime argument qui ne répond à rien, car il n'a pas d'écho dans les instincts de la nature humaine. Il faudrait donc, pour appliquer ce système, commencer par perfectionner le cœur humain. Par quelle réunion d'hommes fera-t-on accepter une fraternité qui est au profit de celui qui en abuse, et au détriment de celui qui la pratique !

Ce n'est pas là, d'ailleurs, ce que la république entend par sa fraternité.

Au lieu de compliquer l'organisation du travail et de se jeter ainsi dans l'impossible, au lieu d'en faire un système absolu et obligatoire pour tous les maîtres et pour tous les ouvriers, de les priver du libre et volontaire usage de leurs capitaux, de leur force, de leur intelligence, au lieu de les parquer dans le cadre d'un réglement despotique comme des esclaves, au lieu de les mettre en tutelle forcée comme des mineurs ou comme des prodigues... pourquoi ne pas simplifier, au contraire, le service qu'on veut leur rendre... pourquoi ne pas se borner, par exemple, à rédiger des modèles de contrats d'association que signeraient librement des maîtres et des ouvriers... Si ces associations prospèrent, l'exemple sera le meilleur apôtre du système, l'expérience son plus sage organisateur.

Mais qu'ils soient libres, car tous ont droit à leur liberté républicaine !

Que dans ces contrats on se garde de compromettre le capital de l'argent au profit momentané du capital du travail ; car plus d'argent, plus de travail.

Qu'on limite seulement l'exigence du maître pour la durée de la journée ; mais qu'on laisse l'ouvrier libre de travailler tant qu'il voudra.

Qu'on élève prudemment les salaires de manière à ne pas effrayer par la cherté des produits la consommation intérieure et la consommation extérieure.

Si l'organisation du travail est difficile, celle de la consommation échappe à tous les systèmes, et qu'on n'oublie pas que c'est la consommation seule qui alimente les deux capitaux qui concourent à la production.

Le sacrifice que les ouvriers associés feront sur le taux de leur salaire sera la spéculation la plus heureuse, la plus sûre... car il permettra d'abaisser le prix du produit, d'augmenter par là la consommation, et le bénéfice de la vente leur rendra au centuple la faible avance qu'ils auront faite à la consommation.

Le calcul contraire serait faux et ruineux.

Voilà ce qui est praticable, voilà ce qui pourrait conduire le travailleur au bien-être qu'on lui promet, tout en respectant sa liberté et l'utile expansion de sa force et de son génie!

Quant à l'autre système, quoique inspiré par les intentions les plus pures, nous dirons même les plus sublimes, il présente à nos yeux deux défauts essentiels : le premier, d'opprimer chez le travailleur son droit de liberté;

Le deuxième, c'est de ne pas s'ajuster à la nature de l'homme.

Jusqu'à ce jour ce n'est qu'une utopie. Elle est belle.... mais le soleil est beau aussi, et l'homme ne cherche pas à l'atteindre!

CHAPITRE IX.

Du partage des biens.

Supposons que demain, par une application rigoureuse du principe d'égalité, on dise :

« La France appartient de droit à tous les Français ; il faut donc partager la France entre tous les Français ;

« La richesse numéraire du pays appartient à tous les Français, il faut donc partager l'argent entre tous les Français. »

Voyons quels seraient le capital, la propriété foncière et le revenu de chaque individu.

La population de la France est de 34 millions d'individus.

La surface du sol productif de la France est de 34 millions d'hectares.

Chaque Français possèderait un hectare.

Le rapport annuel des 34 millions d'hectares qui composent le sol productif, comprenant :

Le produit du règne minéral,
— des grains,
— des vins,
— des prairies naturelles,
— des légumes et fruits,
— des coupes de bois,
— du lin et du chanvre,
— des animaux domestiques,
— des fabriques et manufactures, bénéfices compris,

est de 6 milliards de francs, soit, par hectare, 176 fr. 47 c.

Chaque Français, étant propriétaire de un hectare, jouirait donc d'un revenu foncier de 176 fr. 47 c.

La somme totale du numéraire ou argent, existant en France, est évaluée à 4 milliards, lesquels divisés entre 34 millions d'individus, donnent à chacun un capital de 117 fr. 64 c. rapportant à raison de 5 pour cent l'an un intérêt de 5 fr. 88 c.

Revenu de chaque Français :

Produit annuel de son hectare.	176 f. 47 c.
Intérêts du capital argent.....	5 f. 88 c.
Total du revenu.....	182 f. 35 c.

Ce qui fait un peu moins de dix sous par jour.

Si ce résultat ne vous décourage pas un peu, allons plus loin :

Que demain matin le partage soit fait, vous voilà propriétaire de votre hectare et de votre capital de 117 fr. 64 c.

Votre hectare ne vous rapportant rien jusqu'à ce que vous l'ayez labouré, ensemencé, défriché, exploité, ce qui demande au moins six mois, avec quoi vivrez-vous pendant ces six premiers mois?

Ou bien vous mangerez votre capital de 117 fr. 64 c.;

Ou bien, si vous le placez et qu'on vous paie six mois d'intérêt d'avance, vous aurez en poche 2 fr. 94 c. pour vivre jusqu'à la prochaine récolte.

C'est quelque chose, mais ce n'est pas beaucoup.

Et d'ailleurs, où et comment placerez-vous votre argent? — Il n'y aura plus de banquiers. — Comment voulez-vous qu'un homme ouvre une maison de banque avec une mise de fonds de 117 fr. 64 c.? — Et quand même, que ferait-il de votre capital? — S'il le fait valoir et qu'il y gagne quelques écus, le voilà plus riche que vous, voilà les fortunes redevenues inégales; il faut recommencer le partage pour tout égaliser.

Par la même raison, il n'y a donc plus de commerce possible, plus de fabriques, par conséquent, plus de travail.... Ce qui nous conduit, non pas au bien-être de tous, mais à la misère de tous.

La société est comme une machine qui se meut et fonctionne par des rouages divers dont l'action s'entr'aide et se combine : les rouages de la machine sociale sont justement les diversités des fortunes et des besoins ; si l'on nivelait les fortunes on arrêterait aussitôt le mouvement, et le mouvement c'est la vie.

Ne cherchons donc pas ce niveau absolu ; mais il en faut un pourtant, c'est celui que commande l'humanité, c'est celui que veut la république ! — La hauteur de ce niveau, c'est le droit de vivre sans abstinence, sans misère : il doit assurer à chaque citoyen, par le travail, s'il est valide; par des dons gratuits, s'il ne peut travailler, l'aisance nécessaire pour qu'il jouisse d'une habitation propre et salubre, d'une nourriture saine et abondante qui répare ses forces et entretienne sa santé; pour qu'il remplace par des vêtements neufs ses habits usés dans l'atelier; pour qu'il se procure, sans se priver de pain, le bois qui le réchauffera l'hiver.

C'est à ce niveau qu'il faut élever l'aisance de tous les citoyens: au-dessous, c'est la misère et la souffrance; au-dessus, c'est le superflu.

Que désormais le travailleur n'aspire plus à surmonter la misère; qu'il aspire par son épargne aux jouissances du superflu.

Et nous verrons des hommes inégalement heureux, c'est vrai; mais nous ne verrons plus de malheureux.

CHAPITRE X.

Des Clubs.

Les *clubs* sont des réunions de citoyens dans lesquelles on disserte sur les affaires politiques.

Les monarchies n'aiment pas les clubs, parce que le peuple s'y occupe trop de ses affaires, et qu'elles prétendent s'en occuper toutes seules : aussi avons-nous vu, peu de temps après la révolution de 1830, notre royauté constitutionnelle dissoudre par des lois sévères les associations de ce genre. Dès lors, la direction de l'opinion publique appartint sans réserve à la presse. Mais la renaissance des institutions républicaines a réouvert les portes des clubs : ils partagent désormais avec les journaux la mission officieuse de discuter sur les actes du Gouvernement, sur le choix des candidats à la représentation nationale, sur les intérêts de la commune ou du pays.

Les *clubs* contribuèrent puissamment à l'établissement de notre première république.

En 1830, deux se fondèrent sous les titres de SOCIÉTÉ DES AMIS DU PEUPLE et de SOCIÉTÉ DES DROITS DE L'HOMME. Ces deux clubs furent dissous et leurs membres persécutés avec acharnement par le gouvernement du roi-citoyen.

L'utilité des clubs est incontestable : ce sont les écoles politiques de la population, les foyers où s'entretient et s'exalte le patriotisme national. Les idées bonnes ou mauvaises émises à la tribune de ces assemblées de famille y subissent l'épreuve de la discussion, périssent si elles sont mauvaises, se propagent si elles sont justes et droites. Quelles que soient les nuances qui distinguent les clubs, ils concourent tous à l'unité de l'action populaire dont la puissance serait nulle sans cette concentration.

Un grand nombre de clubs se sont fondés à Paris depuis la Révolution de février : deux journaux spéciaux publient le compte-rendu de leurs séances. Le devoir des présidents de ces réunions éminemment républicaines, est de faire respecter dans chaque citoyen qui prend la parole la libre expression de son opinion ; leur devoir est de maintenir rigoureusement, soit parmi les membres de l'assemblée, soit dans les discours de la tribune, les inviolables principes de la république : Liberté, Égalité, Fraternité !

CHAPITRE XI.

Des arbres de la liberté.

On ne se douterait pas que le premier *arbre de la liberté* a été planté par un noble. Ce fut pourtant le comte Camille d'Albon qui, le premier, en 1789, éleva, dans les jardins de sa maison de campagne, ce symbole de la régénération des peuples. Ce n'était pas un arbre, mais un grand mât surmonté du bonnet de la liberté. Sur le socle il avait tracé cette simple inscription : *A la liberté, Camille d'Albon!*

Il avait supprimé son vain titre de comte ; mais un noble même est noble quand il dresse des autels à la liberté!

Dans toutes les villes, dans toutes les communes de France on vit bientôt l'exemple de Camille d'Albon imité avec un entraînement enthousiaste. Le peuplier fut choisi pour l'arbre sacré de la liberté : les populations procédaient à sa plantation avec une sorte de culte religieux, elles entretenaient le symbole comme un monument révéré, la plus légère profanation eût été punie comme un sacrilége ; elles l'ornaient de rubans, de guirlandes de fleurs, de couronnes d'immortelles et de laurier, y attachaient des inscriptions en vers et en prose, des couplets, des strophes patriotiques attestant leur vénération pieuse pour les emblêmes de leur affranchissement. Aucune loi n'avait ordonné la plantation de ces arbres, mais un décret de la Convention les plaça bientôt sous la protection nationale ; il ordonna qu'un arbre de la liberté, renversé dans le département du Tarn, serait relevé aux frais de ceux qui l'avaient détruit. Une autre loi du 3 pluviose en 2, ordonna le remplacement des arbres qui avaient péri par l'action du temps ; elle prescrivit en même temps que les orphelins de la patrie en érigeraient un dans les jardins du Palais National (Tuileries). D'autres décrets prononcèrent des peines contre ceux qui les détruiraient ou les mutileraient. Leur culte se maintint parmi le peuple jusqu'au Consulat. A ce moment où s'infiltraient dans le sol de la France les premières racines du despotisme impérial, l'arbre de la liberté ne devait plus trouver de sève dans la terre de la patrie; il périt et on ne le releva pas. La Restauration fit renverser à coups de hache ceux qu'elle trouva encore de bout; elle les remplaça par des croix de mission.

En 1830, on en vit quelques-uns essayer de se redresser ; mais le souffle de la liberté n'avait fait que passer sur la France: ses emblêmes se flétrirent et tombèrent encore sous l'atmosphère meurtrière de la royauté.

Mais aujourd'hui l'arbre saint retrouve

sa sève et sa vie dans le sol de la France républicaine; aussi le voyons-nous partout se relever fier et vivace, et le peuple, ivre d'enthousiasme, le salue de ses acclamations et de ses chants patriotiques.

Nous rappellerons aussi les *déesses de la Liberté*, qui, sous la première république, figuraient dans les fêtes populaires. L'épouse du libraire Monmoro, l'un des orateurs du club des *Cordeliers*, madame Candeille, actrice du Théâtre-Français, mademoiselle Maillard, artiste de l'Opéra, eurent l'honneur de représenter la *Liberté* dans les solennités publiques. Coiffées du bonnet phrygien, et armées d'une pique, elles parcoururent, dans un char de forme antique, les principales rues de Paris.

La république nouvelle n'a pas encore imité cet exemple de son aînée.

CHAPITRE XII.

Origine de la garde nationale.

L'origine de la garde nationale date de 1789 ; elle s'institua d'elle-même, spontanément, malgré le roi, pour protéger les États-Généraux, contre les troupes que la cour amassait aux portes de Paris dans le but d'intimider les représentants de la nation. Ce fut Mirabeau qui, le 8 juillet, proposa d'armer les bourgeois de Paris. Cette première proposition n'eut pas de suite dans le corps législatif ; mais elle fut avidement recueillie par le comité des électeurs qui, à la vue du danger public, réitéra à l'Assemblée la demande faite par Mirabeau. La demande est prise en considération. Une députation de l'Assemblée constituante se rend à Versailles, et sollicite auprès du roi l'établissement de la garde bourgeoise. Le roi refuse. Cependant les troupes qui entouraient la capitale se rapprochaient de plus en plus : il n'y avait pas de temps à perdre. Le comité des électeurs, puissance improvisée, ordonne qu'on délivrera des armes aux Parisiens ; l'ordre est exécuté, et, le même jour, se forme une milice nationale forte de seize légions et de soixante bataillons. Elle choisit pour ses couleurs, le *bleu*, le *blanc* et le *rouge*, origine du drapeau tricolore qui, dès le lendemain, préluda à ses triomphes futurs par le mémorable triomphe de la prise de la Bastille.

Telle est l'origine de la garde nationale, dont le nom s'associe à toutes les grandes conquêtes intérieures de la France, à la prise de la Bastille, à la révolution de 1830, à l'avénement glorieux de la république de 1848 !

INSTRUCTION
SUR LES ÉLECTIONS.

Decret du gouvernement provisoire sur les elections de l'Assemblée nationale.

RÉPUBLIQUE FRANÇAISE

Liberté, Egalité, Fraternité.

Le Gouvernement provisoire de la République,

Voulant remettre le plus tôt possible aux mains d'un Gouvernement définitif les pouvoirs qu'il exerce dans l'intérêt et par le commandement du peuple,

Décrète :

Art. 1er. Les assemblées électorales de canton sont convoquées au 23 avril prochain pour élire les représentants du peuple à l'Asssemblée nationale qui doit décréter la constitution.

2. L'élection aura pour base la population.

3. Le nombre total des représentants du peuple sera de neuf cents, y compris l'Algérie et les colonies françaises.

4. Ils seront répartis entre les départements dans la proportion indiquée au tableau ci-joint.

5. Le suffrage sera direct et universel.

6. Sont électeurs tous les Français âgés de vingt-et-un ans, résidant dans la commune depuis six mois, et non judiciairement privés ou suspendus de l'exercice des droits civiques.

7. Sont éligibles tous les Français âgés de vingt-cinq ans, et non privés ou suspendus de l'exercice des droits civiques.

8. Le scrutin sera secret.

9. Tous les électeurs voteront au chef-lieu de leur canton, par scrutin de liste.

Chaque bulletin contiendra autant de noms qu'il y aura de représentants à élire dans le département.

Le dépouillement des suffrages se fera au chef-lieu de canton, et le recensement au département.

Nul ne pourra être nommé représentant du peuple, s'il ne réunit pas deux mille suffrages.

10. Chaque représentant du peuple recevra une indemnité de 25 fr. par jour, pendant la durée de la session.

11. Une instruction du gouvernement provisoire réglera les détails d'exécution du présent décret.

12. L'assemblée nationale constituante s'ouvrira le 5 mai.

13. Le présent décret sera immédiatement envoyé dans les départements et publié et affiché dans toutes les communes de la république.

Fait à Paris, en conseil du gouvernement, le 5 mars 1848.

Les membres du gouvernement provisoire,

ARMAND MARRAST, GARNIER-PAGÈS, ARAGO, ALBERT, MARIE, CRÉMIEUX, DUPONT (de l'Eure), LOUIS BLANC, LEDRU-ROLLIN, FLOCON, LAMARTINE.

Le secrétaire général du gouvernement provisoire.

PAGNERRE.

Répartition du nombre des représentants à raison de la population.

(Base de 1 représentant par 40,000 habitants.)

1	Ain.	9
2	Aisne.	14
3	Allier.	8
4	Alpes (Basses-).	4
5	Alpes (Hautes-)	3
6	Ardèche	9
7	Ardennes.	8
8	Ariége.	7
9	Aube	7
10	Aude	7
11	Aveyron.	10
12	Bouches-du-Rhône	10
13	Calvados	12
14	Cantal	7
15	Charente	9
16	Charente-Inférieure.	12

17 Cher 7
18 Corrèze 8
19 Corse 6
20 Côte-d'Or 10
21 Côtes-du-Nord 16
22 Creuse 7
23 Dordogne. 13
24 Doubs 7
25 Drôme 8
26 Eure 11
27 Eure-et-Loir 7
28 Finistère 15
29 Gard 10
30 Garonne (Haute-). 12
31 Gers 8
32 Gironde 15
33 Hérault 10
34 Ile-et-Vilaine 14
35 Indre 7
36 Indre-et-Loire. 8
37 Isère 15
38 Jura 8

39	Landes.	7
40	Loir-et-Cher	6
41	Loire.	11
42	Loire (Haute-)	8
43	Loire-Inférieure.	13
44	Loiret	8
45	Lot	7
46	Lot-et-Garonne	9
47	Lozère.	4
48	Maine-et-Loire	13
49	Manche	15
50	Marne.	9
51	Marne (Haute-).	7
52	Mayenne.	9
53	Meurthe.	11
54	Meuse.	8
55	Morbihan.	12
56	Moselle	11
57	Nièvre.	8
58	Nord	28
59	Oise.	10
60	Orne	11

61	Pas-de-Calais	17
62	Puy-de-Dôme.	15
63	Pyrénées (Basses-)	11
64	Pyrénées (Hautes-).	6
65	Pyrénées-Orientales	5
66	Rhin (Bas-)	15
67	Rhin (Haut-).	12
68	Rhône	14
69	Saône (Haute-).	9
70	Saône-et-Loire	14
71	Sarthe	12
72	Seine.	34
73	Seine-Inférieure.	19
74	Seine-et-Marne	9
75	Seine-et-Oise	12
76	Sèvres (Deux-).	8
77	Somme.	14
78	Tarn	9
79	Tarn-et-Garonne	6
80	Var.	9
81	Vaucluse.	6
82	Vendée.	9

83 Vienne	8
84 Vienne (Haute-)	8
85 Vosges.	11
86 Yonne.	9
	884
Algérie et colonies	16

PROCLAMATION

Du gouvernement provisoire au peuple français au sujet des élections.

Citoyens,

A tous les grands actes de la vie d'un peuple, le Gouvernement a le devoir de faire entendre sa voix à la Nation.

Vous allez accomplir le plus grand acte de la vie d'un peuple : élire les représentans du pays ; faire sortir de vos consciences et de vos suffrages, non plus un Gouvernement seulement, mais un pouvoir social, mais une constitution tout entière ! Vous allez organiser la république.

Nous n'avons fait, nous, que la proclamer. Portés d'acclamation au pouvoir pendant l'interrègne du peuple, nous n'avons voulu et nous ne voulons d'autres dictature que celle de l'absolue nécessité. Si nous avions refusé le poste du péril, nous aurions été des lâches. Si nous y restions une heure de plus que la nécessité ne le commande, nous serions des usurpateurs.

Vous seuls êtes forts !

Nous comptons les jours. Nous avons hâte de remettre la république à la Nation.

La loi électorale provisoire que nous avons faite est la plus large qui, chez aucun peuple de la terre, ait jamais convoqué le peuple à l'exercice du suprême droit de l'homme : sa propre souveraineté.

L'élection appartient à tous sans exception.

A dater de cette loi, il n'y a plus de prolétaires en France.

Tout Français en âge viril est citoyen politique.

Tout citoyen est électeur. Tout électeur est souverain. Le droit est égal et absolu pour tous. Il n'y a pas un citoyen qui puisse dire à l'autre : « Tu es plus souverain que moi ! » Comtemplez votre puissance, préparez-vous à l'exercer, et soyez dignes d'entrer en possession de votre règne !

Le règne du peuple s'appelle république.

Si vous nous demandez quelle république nous entendons par ce mot, et quels principes, quelle politique, quelles vertus nous souhaitons aux républicains que vous allez élire, nous vous répondrons : « Regardez le peuple de Paris et de la France depuis la proclamation de la république ! »

Le peuple a combattu avec héroïsme.

Le peuple a triomphé avec humanité.

Le peuple a réprimé l'anarchie dès la première heure.

Le peuple a brisé de lui-même, aussitôt après le combat, l'arme de sa juste colère. Il a brûlé l'échafaud. Il a proclamé l'abolition de la peine de mort contre ses ennemis.

Il a respecté la liberté individuelle en ne proscrivant personne.

Il a respecté la conscience dans la religion qu'il veut libre, mais qu'il veut sans inégalité et sans privilége.

Il a respecté la propriété.

Il a poussé la probité jusqu'à ces désintéressements sublimes qui font l'admiration et l'attendrissement de l'histoire.

Il a choisi pour les mettre à sa tête, partout, les noms des hommes les plus honnêtes et les plus fermes qui soient tombés sous sa main. Il n'a pas poussé un cri de haine ou d'envie contre les fortunes.

Pas un cri de vengeance contre les personnes.

Il a fait en un mot du nom de peuple le nom du courage, de la clémence et de la vertu.

Nous n'avons qu'une seule instruction à

vous donner ! Inspirez-vous du peuple, imitez-le ! Pensez, sentez, votez, agissez comme lui !

Le gouvernement provisoire, lui, n'imitera pas les gouvernements usurpateurs de la souveraineté du peuple, qui corrompaient les électeurs et qui achetaient à prix immorale la conscience du pays.

A quoi bon succéder à ces gouvernements, si c'est pour leur ressembler ? A quoi bon créer et adorer la république, si la république doit entrer dès le premier jour dans les ornières de la royauté abolie ? Il considère comme un de ses devoirs de répandre sur les opérations électorales cette lumière qui éclaire les consciences sans peser sur elle. Il se borne à neutraliser l'influence hostile de l'administration ancienne qui a perverti et dénaturé l'élection.

Le Gouvernement provisoire veut que la conscience publique règne ! Il ne s'inquiète pas des vieux partis ; les vieux partis ont vieilli d'un siècle en trois jours ! La république les convaincra si elle est sûre et juste pour eux. La nécessité est un grand maître. La république, sachez-le bien, a le bonheur d'être un gouvernement de nécessité. La réflexion est pour nous. On ne peut pas remonter aux royautés impossibles. On ne veut pas descendre aux anarchies inconnues. On sera républicain par raison. Donnez seulement sûreté, liberté, respect à tous. Assurez aux autres l'indépendance des suffrages que vous voulez pour vous. Ne regardez pas quel nom ceux que vous croyez vos ennemis, écrivent sur leur bulletin, et soyez sûrs d'avance qu'ils écrivent le seul nom qui peut les sauver, c'est-à-dire celui d'un républicain capable et probe.

Sûreté, liberté, respect aux consciences de tous les citoyens électeurs ; voilà l'intention du Gouvernement républicain, voilà son devoir, voilà le vôtre ! voilà le salut du peuple ! Ayez confiance dans le bon sens du pays, il aura confiance en vous ; donnez-lui la liberté et il vous renverra la république.

Citoyens, la France tente en ce moment, au milieu de quelques difficultés financières léguées par la royauté, mais sous des auspices providentiels, la plus grande œuvre des temps modernes : la fondation du gouvernement du peuple tout entier, l'organisation de la démocratie, la république de tous les droits, de tous les intérêts, de toutes les intelligences et de toutes les vertus !

Les circonstances sont propices. La paix est possible. L'idée nouvelle peut prendre sa place en Europe sans autre perturbation que celle des préjugés qu'on avait contre elle. Il n'y a point de colère dans l'âme du peuple. Si la royauté fugitive n'a pas emporté avec elle tous les ennemis de la république, elle les a laissés impuissans ; et quoiqu'ils soient investis de tous les droits que la république garantit aux minorités, leur intérêt et leur prudence nous assurent, qu'ils ne voudront pas eux-mêmes troubler la fondation paisible de la constitution populaire.

En trois jours, cette œuvre que l'on croyait reléguée dans le lointain du temps, s'est accomplie sans qu'une goutte de sang ait été versée en France, sans qu'un autre cri que celui de l'admiration ait retenti dans nos départements et sur nos frontières. Ne perdons pas cette occasion unique dans l'histoire. N'abdiquons pas la plus grande force de l'idée nouvelle, la sécurité qu'elle inspire aux citoyens, l'étonnement qu'elle inspire au monde.

Encore quelques jours de magnanimité, de dévouement, de patience, et l'Assemblée nationale recevra de nos mains la république naissante. De ce jour-là tout sera sauvé ! Quand la nation, par les mains de ses représentants, aura saisi la république la république sera forte et grande comme la nation, sainte comme l'idée du peuple, impérissable comme la patrie.

Les membres du gouvernement provisoire,

ARMAND MARRAST, GARNIER-PAGÈS, ARAGO, ALBERT, MARIE, CRÉMIEUX, DUPONT (de l'Eure), LOUIS BLANC, LEDRU-ROLLIN, FLOCON, LAMARTINE.

Le secrétaire général du gouvernement provisoire,

PAGNERRE.

TABLE

FIN DE LA TABLE.

LAGNY.—Imp. de GIROUX et VIALAT.

www.ingramcontent.com/pod-product-compliance
Ingram Content Group UK Ltd.
Pitfield, Milton Keynes, MK11 3LW, UK
UKHW020325250726
13967UKWH00004B/1864